Poesía o nada

(2008-2018)

Poesía o nada

(2008-2018)

Félix Denuit

ediciones
CASUS BELLI

© Ediciones Casus-Belli, 2024
Fuente del Berro, 29 -28009 Madrid
www.casusbelli-ediciones.com

ISBN: 978-84-1220-508-4
Depósito Legal: M-10350-2024

.

Impreso en Reprográficas Malpe, S.A.
Polígono Industrial Los Olivos - 28906 - Getafe, Madrid

I. Poesía refresco

1. Por vía oral

(para las versiones slam poetry, véanse en youtube
sub nomine «Félix Denuit»)

EL SUPERPOEMA

Ya no sé cómo decir
que no tengo nada
que decir,
y lo digo
imagina,
no tener nada que decir,
la poesía,
imagina y compagina:

(dos puntos, abro comillas)

«El héroe del mundo
sale de la vagina
vestido de plata fina
oro, mirra sin censo,
y la escena sin luz
se iluminaaaa:

Ya está aquíííí...
ya llegaaaaaa...
ya rimaaaaaa...
sin capa ni metralleta,
ya llega ya se acerca,
con traje de lenguas
ya llega ya se acerca,
con traje de lenguas

¡y de anatemas!
Ya se cierne
a voz en grito
a verso henchido
inflamándose inflamado
coronándose coronado
con fulgor de infinito
de infinito de infini...
¡tori tori tori tori
toriiii tori tori tori
toriiiiiiiiiii!

¿Es un pájaro lo que ahí llega?
¿Es un avión lo que se acerca?
¿Es un guion?
¿Es una novela?
¿Es un poema?
¡Noooo!

¡¡Es el SUPERPOEMA!!

Por los aires vuela,
por las cloacas repta,
por el cielo rojo,
rojo de letras
y las comas bien puestas.

¡¡El SUPERPOEMA!!

Contra el balbuceo
de los de abajo,

contra la cháchara
de los de arriba,
contra el mangoneo
que no declina.
En defensa del pueblo unido,
en defensa de los desvalidos,
de los desvaídos,
de los hundidos,
de los que han leído,
que es uno y lo mismo...

¡¡El SUPERPOEMA!!

Con la fuerza impotente,
con la fuerza imparable,
el superpoder de un arma
indignada atómica alfabética,
el superpoder de la
LETRAAAAAAAAAAAAAAAAAAABCDEFGHI
KLMNÑOPQRSTUVWXYZ».

El poema más extraño de la historia

¡Acérquense, acérquense!
Pasen y oigan
EL POEMA
MÁS EXTRAÑO
DE LA HISTORIA...
No tengan miedo
¡es gratis,
no es broma!

¡EL POEMA
MÁS EXTRAÑO
QUE JAMÁS
HAYAN OÍDOOOO...!
Mitad poema,
mitad canción,
mitad oráculo,
mitad trabalenguas.

¡EL POEMA
MÁS EXTRAÑO
DE LA HISTORIA DE LA LITERATURA!

Ni la mismísima
Safo de Lesbos,
ni Marcial,
ni Góngora
ni Quevedo,

ni Baudelaire,
ni Rimbaud
ni Mallarmé,
[*cantando*]
ni Baudelaire,
ni Rimbaud
ni Mallarmé,
ni tan siquiera...
ni tan siquiera....
sí, hombre,
¿cómo se llamaba
ese que siempre hacía
que siempre hacía esperar?
Tic-tac, tic-tac,
tic-tac...
Sí, ¿cómo se llama
el que escribió eso...
eso de la vida esperando?
¡Eso mismo,
ni siquiera
Samuel Beckett!
Ni el mismísmo
Joan Brossa,
ni Salvat-Papasseit,
ni Sylvia Plath,
ni Paul Celan
ni Panero ni Pizarnik,
ni tan siquiera
el grandísimo...
¡Daaani Oooorviz!

Acérquense, acérquense,
pasen y oigan,
y vean y sientan...

THE STRANGEST POEM
IN THE HISTORY!

Are you ready?
¿Estáis preparados?
¿Estáis pre-Parados?
Pues seguid escuchaaando,
porque el poema
ya ha empezaaado
desde que se ha subido
al estraaado
un... p, p, p, PI, PI, PIPÍ...
pim, pim...
un **p**impinela,
un **p**elandusco,
un **p**impollo,
un **p**anolis,
un **p**ardo,
un **p**elagatos,
un **p**azguato,
un **p**atán,
un **p**ipiolo,
un **p**agafantas... como yo.

Is that clear enough?
Is... that... clear... enough?

Is is is is...
that that that that...
cle cle clear enough?
[*Bis, estrofa in crescendo*]
Is enough? Is enough?
[*Bis, estrofa in crescendo*]
Is off, is off, is off?
[*Bis, estrofa in crescendo*]
Is, is, is, is.... off!
[*Sonido ambulancia*]
¡Is, is, is, iiiis...!
¡Off off off oooooofff!
[*melodía Novena Sinfonía Beethoven*]
Is, is, iiiiiis... OFF.

El (off)
El mundo (off)
El mundo es...
[*sonriendo ingenuamente*]
¡OFF!
El mundo es un
El mundo es un agujero...
El mundo es un agujero cavado
El mundo es un agujero cavado para
El mundo es un agujero cavado para tu
El mundo es un agujero cavado para tu...
¡TUMBA!

¡Para tu tumba, para tu tumba
para tu tumba, tumba, tumba!

¡Para tu tumba, psss!
[*palmas ritmadas*]
¡Para tu tumba, psss!
¡Para tu tumba, psss, psss!
¡Para tu tum, psss!
¡Para tu tum, psss!
¡Para tu tum, psss, psss!
¡Para tu, psss!
¡Para tu, psss!
¡Para tu, tú, tú!
¡Para, psss!
¡Para, psss!
¡Para, psss, psss!
¡Pa, psss, Pa, psss, Pa, psss, psss!
¡**P**, psss, **P**, psss, **P**, psss, psssssss! [*siseando*].

Barceloning®

Butifarras decoradas,
la barretina al revés
totalmente ilusionada:
culturilla de entremés.

Puertos de papel
mojados de montaña:
«CIUDAD EN VENTA»
«CIUDAD EN VENTA»
mi alma revienta,
llora y se lamenta,
con un Trident de menta…
y sin pelos en la lengua…
recita, con sarna indignada,
este fresco poema:

(dos puntos, abro comillas)

«Dime, querida urbe
"ser o calés,
aquesta és la qüestió".
Pero dime, querido urbe,
la buena ubre
que nunca fuiste,
que ya nadie ni se acuerda:
ni ci-, ni bi-,
ni tri-partito por la mitad.

Todos a la escuela
vuelta a empezar.

En ti, querida ubre,
nadie se lo montaba
como el gran Montilla,
que sin título ni acento,
nos tenía hasta la coronilla.
Repite conmigo:
BCN se escribe
con B de Bicing.
O mejor:
BCN s'escriu
amb B de Baicing.

Todos a la escuela,
vuelta a empezar.

Y mientras no empiezas,
querida urbe,
ahora Trías menos
y te quedas con Mas,
y con Més y con Mas,
y con Més y Més y Més y Mesi, Mesi, Mesi,
    Mesi, Mesiiiiii...
Pa amb tomàquet y goooooooooooooooooooooooo
    oooool.

Y mientras no empiezas,
querida urbe:

Salve Regina,
Mater Misericooordia.
O mejor, mucho mejor:
Salve Poesía,
viva el Slam Poeeetry.

Y mientras no empiezas,
querida Ubre...
(*Pero, venga, empieza ya*
tanto tanto «posa't guapa»
tanta marca Barcelona,
tanto tanto «posa't guapa»
tanta marca Barcelona.)

Y mientras no empiezas,
Barcelona, querida mía,
"*Barcelonaaaa,*
such a beautiful place,
Barcelona,
I'll never go away...
Between the sea,
the mountains
and Gaudíiii...
Barcelona!!!"
[*melodía de la canción*
Bcn 92]
Barcelona a la deriva,
tant si sona com si no sona
Barcelona sempre és bona,
tant si sona com si no sona

la Bossa sempre és bona,
tant si sona com si no sona...
¡muerte al Sónar!

Y si-si-si po-po-po mí-mí-mí
si-si-si po-po-popooooopopoooo [*cacareo*]
si-si-si por-por-por mí fuera, fuera,
si si por mí fuera fuera
"¡Fuera! ¡Fuera! Que no, que no
que no nos represen..."
Y si-si-si por mí fuera...
Boooomb storming
y... ¡Buen Bueling!».

CUARTETOS CONTRA EL REY... LEÓN

A una gran plaza desierta
bajo el amarillo sol de mayo
van llegando a hora incierta
desde hormigas a caballos.

Todo el reino animal llega,
poco a poco y sin humanos,
para decidir en asamblea
si el viejo Rey sigue reinando.

Por una calle estrecha avanzan
pulgas, moscas, insectos varios
y por otra ¡Dios! más amplia,
elefantes, ciervos y dinosaurios.

Y remontando la avenida,
ya llegan raudos galopando
[galopando,
¡a galopaaaaar, a galopaaaar!
Hasta enterraaarlos en...]
más caballos, felinos y felinas
de colmillos afilados.

Un mono y una perra
[ole, ole, ole]
vestidos de verde esperanzado

ya en la plaza los esperan
[ole, ole, ole]
un altavoz en cada mano.

Silencio, silencio...

Ssssssssssh, guau, guau...
Ssssssssssh, arggggggg
Ssssssssssh, miau, miau...
Ssssssssssh, oink , oink ...
[*sonido del cerdo*]

Pero, ¿quién llamó a los cerdos
a tan limpia asamblea?
Tranquilo, son ibéricos
y mayoría en esta tierra.
Ssssssssssh...

El silencio se va imponiendo
y vanidoso ya se acerca
el temido Rey rugiendo
que Dios no lo proteja.

Unos quieren verter sangre,
otros llevan voto en blanco,
pero todos tienen hambre
¡canina hambre de cambio!

Alza el ala primero,
toma la voz al viento

el más grande y el más negro,
el más sucio de los cuervos:

«A mi Rey todo le debo»,
crascita el traicionero,
«de su comida, mis restos,
 y por ello me someto».

No es un pez,
pero tiene un banco,
y con gran desfachatez
se suma al rico bando.

El rey ruge y gime
de placer soberano
y su séquito sonríe
moviendo alegre el rabo.

Pero del otro lado,
[ay... del otro lado...]
se alza entonces una voz,
menos que una voz,
se alza con fuerza un canto:

«¡Pío, pío, muuuu
cric, cric, guau!
¡Pío, pío, beeeee
Cric, cric, miau!»

(...)

¡Cucú, cucú, bzzzzz bzzzz
pío, pío, oink oink
Cucú, cucú, miau
quiqui... aggggrrrrr!

El Rey se va azorando
la asamblea está excitada,
ignora qué está pasando
ni ve ni entiende nada.

Cucu, ¡zas!
pío pío, ¡ZASSSS!

Pero el canto se va alzando,
se repite *in crescendo*
ahora ya es alto y claro,
el cambio se está imponiendo.

Quiquiriqui, ¡zas!
cocorocó, ¡zas!

El Rey ya se ha enterado
está en peligro su vida,
su cetro se ha quebrado
ya los cuervos van de huida.

Y entre dudas y recelos
la asamblea ya ha resuelto,
el viejo Rey y sus banqueros
ya se pueden dar por muertos.

Ya se alza la cuchilla
ya se une todo el pueblo
la sagrada guillotina
impondrá a reyes su sello.

¡Quiquiri... zas!
¡Cocoro.... zas!
¡Cucuru... zas!
¡Pío pío... zas, zas zas!

El Rey León ya ha muerto,
la sangre cubre la asamblea,
muertos cuervos y banqueros
la rabia se vuelve fiesta.

¡Viva la re... se oye!
¡Viva la repu... se grita!

Que la fiesta se desborde
¡yyyyy...
abolamos la monarquía!

LA HISTORIA DE LAS NUEVE LETRAS
Y LA PALABRA PERDIDA

[Gestos de no poder decirlo]
Una no pudo, no llegó a...
decir la...
[gestos de no poder decirlo]
no lo logró,
imposible.
Se sentía sola
demasiado sola,
se aburría,
un tedio horrible,
melancolía... y ¡zas!
[gesto de cortarse el cuello]

Lo intentaron entonces dos
y, al principio,
funcionaba,
la cosa se animaba
posibilidades había,
parecía que lo conseguían,
que sí, que sí, sí... así,
así... ¡aaahhh!...
y resultó que,
funcionó tan tan tan bien,
que dos dieron a luz
y se volvieron tres...

Así que lo intentaron tres,
pero aquello era un estrés,
imagina y compagina:
el Padre, el Hijo
y el Espíritu Santo...
la presencia trina,
la Trinidad, ya sabéis,
mi amiga la Trini
la del piso más alto,
la del último piso
a la que hago caso omiso
porque son
tres personas
y una sola sustancia.
Definitivamente,
la Trinidad es triple
porque va de tripi.
¡La Trini es triple
porque va de tripi!

Con la Trinidad de tripi,
lo intentaron entonces cuatro,
pero se enemistaron al rato
dos contra dos,
y llamaron a otra letra
para sumar con ahínco cinco.

Empezaron de olé,
re-que-te-bi-én,
las llamaban las magníficas,

«las cinco magníficas»,
pero cinco...
cinco es un mal número
cinco son
los dedos de una mano...
y la mano izquierda,
ya sabéis,
siempre está celosa
de la derecha diciendo:
«¿Por qué
tú escribes y yo no?
Dame el lápiz,
también es mío,
yo también quiero escribir».
Pero abajo los diestros
abajo la derecha,
¡vivan los zurdos,
viva la izquierda!».
[*puño en alto*]

Vinieron entonces seis,
a ver si llegaban a
decir la palabra...
[*gestos de no poder decirlo]*
pero resultó que seis
era dos veces la Trini,
la santísima Trini,
ahora ya la conocéis,
mi amiga la Trini,
la del piso más alto,

la del último piso,
a la que hago caso omiso,
vaya,
la que va de tripi:
pues imagina dos Trinis
¡¡¡menudo fiestón!!!
Doble presencia trina
whisky doble con Trina
y tripis para todos,
¡¡¡menudo colocón!!!
Tripi para los ángeles
para los seis arcángeles,
bebiendo y bailando
y seis Papas papeando,
y mi cama retumbando,
¡Tumba-chumba-tumba!
[*ritmo máquina*]
y llegando va la policía,
la apocalipcía,
la Apocalipsis
la mismísima Apocalipsis
¡Tumba-chumba-tumba!
bailando las seis
hasta las seis,
las siete hasta las siete
y a las ocho...
a las ocho llegaron ocho
y limpiaron el piso
pasando el mocho

sin llegar a decir la palabra...
[gestos de no poder decirlo]

Así que vinieron nueve,
finalmente,
para acabar la cuenta
(porque in vino vino el nueve,
in vino nueve veritas),
y dijeron que el nueve
es un número máaaagico,
porque 9 x 9 = 81
y 8 + 1 = 9,
porque 8 x 9 = 72
y 7 + 2 = 9, etc.,
siempre nueve,
nueve de ida, nueve de vuelta
nueve de nuevo y vuelta a empezaaaar.
[*último verso cantando ópera*]

Sumo y resumo el total:
si ni una ni dos ni tres,
ni cuatro ni cinco ni seis,
ni siete ni ocho ni nueve
no pudieron encontrar
la palabra perdida...
¿Cómo vamos
a poder nosotros?
¿Eh? A ver,
decidme, venga...
decidme si estáis

taaaaan indignados...
¿cómo vamos a poder aquí,
nosotros solos,
si las nueve letras no pudieron
no la encontraron,
no la dijeron?

[...TIC-TAC, TIC-TAC...]

Pues resulta que sí,
que «nosotros»,
juntos, podemos.
Moraleja:
solo donde
la desesperanza crece,
crece la esperanza.
¡E-S-P-E-R-A-N-Z-A!
[*contando con los dedos las 9 letras*]
¡Esa es, exactamente,
la palabra buscada
de nueve letras!

La huelga o la vida

¡Huelga, huelga, huelga!
Me declaro en...
¡huelga, huelga, huelga!
Huelga rotunda,
solemne, indefinida,
o mejor,
huelga que te quiero huelga...
¡ve a la huelga y no huelvas!
No huelvas a trabajar,
ni se te ocurra nunca más
ne travaillez jamais,
vous entendez?
Ne travaillez jamais,
jamais, jamais!!!

Mais me me...
Me declaro en huelga,
huelga, huelga, huelga
y huelga decir por qué:
Porque sí, huelga;
porque no, huelga;
porque no sé, huelga.
Y porque quizá, también
huelga, huelga huelga.

Tus argumentos y tus contratos
me la huelgan,
por aquí me entran
y por aquí me huelgan.

Ni la huelga por derecho
ni la huelga del revés,
«confieso que he vivido»
ay, perdón,
confieso que he huelguido:
me la huelga el sentido
el Sentido, ido y no volvido.

El Sentido Optimus Maximus,
mi ser más sentido,
mi ser reivindicativo
mi no ser productivo.
¡Huelga huelga huelga!
Sin comas ni acentos
Y no se hable más...

Pero más allá,
¿quién huelga más allá?

Huelga también de intuiciones
huelga de percepciones
huelga de sentimientos
y de emociones.
Huelga de pasiones,
huelga de razones,

huelga de argumentos,
hipótesis, ideas
y huelga de sublimes nociones.

Que no, que no,
que no trabajo yo,
que me quedo en la cama
durmiendo soñando
sin otro quehacer
que huel-gue-ando y
y rezando:

«Huelga nuestra
que estás en la tierra,
santificado sea tu nombre
venga a nosotros tu tiempo
y deshágase la voluntad
tanto la tuya como la nuestra.

Huelga nuestra de cada día
dánosla hoy, y perdona
todo lo que hemos hecho
porque no ha servido
más que para jodernos:
Tiempo productivo
es tiempo jodido,
Tiempo huelgueante,
es tiempo alucinante.
Amén».

Pero más allá,
¿quién huelga más allá?

Huelga como tiempo verbal,
de la conjugación «huelgar»:
Yo huelgo
Tú huelgas
Ella o él huelga
Nosotras huelgamos
Vosotros huelgáis
Ellas y ellos huelgan.

Y que el mundo mundee
que la huelga huelguee,
en todos los idiomas
del mundo huelgal:
Vaga
Grève
Sciopero
Strike
Und so weiter.

¡Huelga, huelga, huelga!
Que el poema declare
una huelga universal:
las mujeres, huelga
tú, huelga,
los hombres, huelga
(tú, grita: «¡huelga!»)
los infantes, huelga

los adultos, huelga
las trabajantes, huelga,
las replicantes, huelga,
los holgazanes, huelga,
huelga humana, subhumana,
superhumana,
huelga vegana,
animal y vegetal.

Huelga huelga huelga
de todo y todas,
para siempre jamás.

Huelga de líneas y formas,
de luces y sombras,
huelga también
de imágenes, canciones
y huelga absoluta de palabras...
¿de palabras?
¿huelga de palabras?
Sí... [*gesto de no poder hablar*, y punto].

2. Poemas de mercado
(con Isidoro Feria)

PARADA Nº 1: GRAN ODA A LOS ALIMENTOS[1]

Oda a las verduras

Mordí y sentí
el más grave elixir
y ahora he vuelto
por los surcos de mi huerto.

¡Berenjenas frescas!

Allí donde todo verdea
y huele la tierra,
la escarola se inmola
a su piel tomatera.

Oda a los frutos del mar

Moluscos compañeros de grandes travesías,
surcantes de plata líquida...
¡A bandadas de barcas!

Profunda carne de candor,
hondo es tu corazón.

---

[1] Para las versiones slam poetry, véanse en youtube *sub nomine* «Félix Denuit».

Y con mil tragos de espinas,
desmenuzo unas sardinas,
mis profundidades amigas,
¡A gargantas saladas!

Oda a la carne

Cuando la piel canta,
con crueldad ahumada,
van limpias las cuchilladas.

¡Oh, luces de tocino
directas al corazón!

Y con lo tierno conquistado
y el fuego lento arrojado,
las chispas parten
huesos y tuétanos...
de sangre encarnados.

Oda a la fruta

Carne de melón,
alma de embrión
suma el rico jugo
a tu sabrosa ilusión.

¡Más uvas y fresas,
más peras bien tiesas,

más bananas bien recias,
más luces y cerezas...
de eléctrica pasión!

Oda a los dulces

Alma de rechupete
y cara feliz.
Mi paladar palatino
es tu lengua infantil.

¡Qué gemidos y relamidos!

Y con miel entre los labios,
y el azúcar glaseado glisando,
lamo y relamo
tu rastro de...
choco-choco-fi
choco-choco-fi
choco-choco-choco-
choco-choco...
¡CHOCOFILIA!

Oda a los frutos secos

¡Cric! ¡Crac!¡Croc!
Castañeteo de cáscaras cuando
los dientes son cortezas.

¡Oh, cósmicas nueces!

¡Piñón del Señor!
Te busco dentro
y en mí te encuentro.

Parada nº 2: Pasta indignada

Te presto una hipoteca
de tus ojos al cero
por cientos
de maravillas perdidas.

*

Poema post-gratis
novedad a medias:
NO TE LA PIERDAS
TU VERDAD EN VENTA

*

A merced y a la caza,
la cháchara campa,
sin hora convenida,
a sus anchas,
y con puntos de sutura
remienda personas
y alquila estafas.

*

¿Pagas o lees?
¿Trabajas o cantas?

*

Un euro para cada año
para un mañana coreográfico,
sexual e infinitesimal
como la vida misma
como la muerte
cuando respira
atónita por ti,
por mí, pero nosotros...

*

Violencia de la poesía,
y no lo repetiré más,
las letras van sangrando
a cuchilladas van los trazos,
y los diarios,
a ratos esas ratas,
analfabetas que van contando
de uno en uno
artículos de periódico...
Así los llamaremos:
«Los Rebotados».

Parada Nº 3: Carne a peso

Estallidos de madera
de coñac, coños y cuentos.
Extraños siempre extraños
pollas arañas y miento.

*

In saecula secoñorum
ex-in-amen
examen crucis
falus jactus
alea est.

*

Cunnilingua

Un par de tetas azules,
más ciegas que Tiresias,
más buenas que el pan
de rico puro Bimbo.

Como cera al fuego se derrite
por la negra pendiente
donde se hinca el diente
vívido y moliente.

¿Llegará quizá a la meta
caprichoso el que arremeta
la boca en la Verdad?

Y lo que quede hasta la cosa,
proposición suprahonrosa,
callen los libros universal.

                    *

A mil pasos de aquí
El color amamillo
Amamillo de sol
Amamillo de rabia
Amamillo como una gamba
Noli me tangere
Loli me tangere
¿Loli, mi tangaonés?

                    *

Hamlet in outlet
in extenso
in extremis
standing by
another poem...

II. Poesía funesta

1. VERSOS INTRAVENOSOS

(algunos poemas tienen su versión slam poetry en youtube *sub nomine* «Félix Denuit»)

Recnac etreuM

a
.
A
.
V
.
A
.
y
.
O
.
C
.

Y cuando tú ya no estés
porque ya me lo habrás dicho,
seré entonces yo
quien se lo diga a otro,
y luego ese otro,
cuando ya no estemos
ni tú ni yo,
se lo dirá a otro
para ausentarse
al oído

susurrando se lo dirá...
y luego ese otro
a otro de nuevo
al oído se lo dirá,
persona a persona
tantas al día,
tantos meses tantos años,
sin detenerse el susurro
atragantado
ese nódulo alfabético
de seis sufridas letras
que nos seca la boca,
que nos vamos pasando
unos a otros
y que llamamos,
temerosos,
CÁNCER.

«Tengo cáncer»
nos decimos,
unos a otros,
como una plaga
como una epidemia
de dos palabras
mortíferas mortales:
«Tengo cáncer»
y no hay remedio
la ciencia no piensa
y apenas avanza
con la salud recortada.

«Tengo cáncer»:
son solo dos palabras,
pronunciadas de golpe,
y conjugadas en un tiempo presente
metastásico:

Yo tengo,
tú tienes,
él/ella
tiene cáncer.
Nosotros teníamos
vosotros tenéis
ellos/ellas tendrán,
sin duda,
cáncer.

C-Á-N-C-E-R
M-U-E-R-T-E
… sinónimos epocales…
R-E-C-N-A-C
E-T-R-E-U-M

Son solo seis letras,
del derecho o del revés,
que pudren el alma
la mía, la tuya
la suya, la nuestra
cáncer de alimentos
cáncer de aire
cáncer de vicio
cáncer del alma.

Somos seremos
el cáncer de la Tierra:
el cielo es cancerígeno
lleno de nubes
de ángeles y de cáncer:
«Cáncer nuestro
de cada día
dánosle hoy
y no perdones nada
porque nadie nadie es culpable».

Y cuando tú ya no estés
porque ya me lo habrás dicho,
seré entonces yo
quien se lo diga a otro,
y luego ese otro,
cuando ya no estemos
ni tú ni yo,
tic
tac
ahora tú
ahora yo...
cuando ya no estemos
ni tú ni yo,
otro al oído
para ausentarse
susurrando dirá:
«Tengo cáncer».

Nadie sin cáncer,
el niño cáncer
la niña cáncer
la mujer cáncer
la madre cáncer
el amigo cáncer
el hermano cáncer
cáncer, cáncer, ¡CÁNCER!

Nada queda sin cáncer
la rosa cáncer
el árbol cáncer
el sol cáncer
la luna cáncer

Cáncer el microondas
y el Bimbo de toda la vida,
y la Carne adulterada,
y la Coca-cola zero:
cáncer capitalista.

El mundo cáncer,
por dentro y por fuera,
cáncer universal
cáncer cósmico
el eterno retorno del cáncer,
muerte programada
por todas las células
por todas las letras
por todos los siglos

de los siglos
Cáncer y Amén
Cáncer del alma
Cáncer y Amén
Cáncer del habla
Cáncer y Amén.

Pero no importa morir...

No me importa morir
si muero amando.

Amo cada una de mis células,
una a una,
amo al niño
a la niña la mujer
el amigo el hermano
la madre.
El milagro tiene un nombre.

No me importa morir
si muero amando,
con la vida en el alma
sin tubos ni pastillas
ni paliativos ni parches.
La vida no necesita
quimioterapia:
si tenemos cáncer
y no tenemos amor,
tenemos cáncer.

Pero si tenemos cáncer
y tenemos amor,
tenemos el milagro
de haber vivido
con la salud del alma.

Variaciones sobre...

Mmmmm... espera...
me he quedado en blanco...
¿Ya has empezado a leer?
Espera, no sigas,
pues me he olvidado...
3 variaciones sobre...
Ah, sí, ya me acuerdo...
3 variaciones sobre el OLVIDO:

VARIACIÓN PRIMERA
SOBRE EL OLVIDO

Del olvido más tonto
al imprescindible:
olvidé yo lavar los platos
por ejemplo,
colgar la ropa
o plancharme el alma
para salir a la calle
sin arrugas fruncidas.

Olvidaste tú mi cumpleaños,
tú a quien más amo,
y nadie me felicitó,
pero no importa
te sigo queriendo

sin más regalo
que tu olvido lleno
de pasado ya pasado.

Y él... él olvidó llamar,
le cerraron la tienda,
se quedó sin llaves
y pasó la noche al raso
al raso urbano
que te quiero urbano,
un banco amigo
ya no es un banco.

¿Y nosotros,
qué hemos olvidado,
nosotros, todos sentados
ante un pantallazo
cuando más tonto es
quien se la queda mirando?
Olvidemos juntos el mando,
los canales aplicados,
hasta que todo quede
desconecta-dooofff.

Mas vosotros,
¿vosotros que estáis ahí,
creéis no olvidar nada...?
Sois muy atentos,
y precavidos y sabios,
pero la vida os cogerá,

ya lo creo,
ella no se olvida,
por sorpresa os cogerá,
y olvidaréis lo más valioso
en el momento... más funesto:
por ejemplo,
la respuesta a un examen
para ganaros la perra vida;
o el nombre de tu pareja,
aun sabiéndolo, lo olvidarás
en ese momento tan vuestro;
olvidarás el intermitente,
en un cruce de caminos
y ¡¡¡crash!!!
tu destino terminará
justo ahí, por ese olvido,
en un trágico accidente
accidental.

Y ellos, en fin, ¡ja, ja!...
de ellos finalmente
me he olvidado
¡y qué a gusto vivo ahora!

VARIACIÓN SEGUNDA

Quisiera olvidar que te olvido
olvidar que te estoy olvidando,
olvido infame,

poco a poco
olvido llevado
por la inercia insulsa
de tanto día a día.
Estoy olvidándote
y con ello tu risa,
tus placeres y dolores,
tus momentos de vida:
¿cómo puedo olvidarte,
me pregunto insano, esquizoide,
si tú y yo somos
uno y lo mismo?
«Pero no te acordarás de mí,
cuando pasen tres años»,
me dijiste y repetiste,
y por más que lo recuerde,
sentencia funesta,
de ti me estoy olvidando,
día tras día,
sin recuerdos me quedo
sin ti, memoria Santa,
no hay amor
sin ti no hay, memoria Santa,
ni el recuerdo de la alegría.

VARIACIÓN TERCERA

Y lo más funesto,
oh amigos, no hay amigos,

¿cómo decirlo?
Yo a veces me olvido
de mí misma.
A veces jocosa, bebida,
me olvido de que existo,
estoy muerta, repito,
y es cierto que no existo
hasta que la resaca me saca
del Paraíso.
A veces jocosa, cierto,
me olvido de mí misma,
de quién soy
de cuánto pierdo
cuándo trabajo,
de dónde está
el punto final de mi cuerpo,
el destino de nuevo funesto
de mi vida.
A veces jocosa
y a veces bien negra,
me olvido y olvido que la vida,
al cabo de un tiempo
cuando ya no estemos aquí,
ni tú, ni yo,
tic-tac,
al cabo de un tiempo
me olvidará la vida,
con más pena que gloria,
me olvidará como olvidó
a tantos desaparecidos

cuyos nombres en secreto
todas repetimos.

La vida nos olvidará
y así quedará la escena,
sin palabras ni llantos
sin palabras ni risas,
la escena quedará,
olvidada,
desespera ahora,
olvídame y muere,
para siempre más
olvidada quedará la escena
y vacía vacía vacía... de olvidos.

AUTOCRÍTICA

«No lo conocía,
se lo juro,
yo paseaba por la calle,
sin rumbo,
sin rumbo fijo,
pasos precarios,
como la vida misma,
la mía, la tuya,
la nuestra, la suya.
Y él se cruzó en mi camino,
murmuró algo,
no me acuerdo,
qué dijo...
Pero yo no lo conocía,
se lo juro,
Sr. Juez,
yo no lo conocía
pero lo que dijo,
yo qué sé,
lo que dijo
me revolvió el alma,
y también esa sonrisa,
la comisura insolente
de sus labios arqueados,
risita de hombre nefasto.
Y fue todo muy rápido,
Sr. Juez,

no sabría decirle,
yo paseaba por la calle,
sin rumbo,
sin rumbo fijo,
pasos precarios,
con mi cuchillo
siempre a mano porque...
nadie nadie me cae humano
y la ciudad me provoca
un alma, un alma ansiosa...
tantos coches,
el calor incivil,
los bolsillos vacíos,
los escaparates llenos
el hambre de mucho
la realidad escasa...

Así pues,
Sr. Juez,
en 27 palabras
se lo diré:
él pasó, musitó,
sonrió,
imbécil me ofendió,
me alteré,
me ofusqué,
mi cuchillo
lo saqué
y ¡zas!
se lo clavé

hasta el fondo
hondo
hondo
del corazón.

Y entonces…
la sangre casi negra,
la vida a borbotones,
los escaparates llenos,
sus venas vacías,
y la gente,
como siempre,
mirando in-dis-pues-ta…

Se lo repito,
Sr. Juez,
yo no lo conocía,
no era familiar,
ni un amigo,
ni enemigo,
era un hombre común,
                          como cualquier otro,
uno menos,
¡porque ese…
ese ya no volverá a reírse,
se lo aseguro!

Así que, Sr. Juez,
déjelo ya,
no busque un móvil,

no era mi amigo
ni mi enemigo,
no me debía dinero
ni tomo drogas,
déjelo ya,
Sr. Juez,
yo mismo,
si quiere,
se lo explicaré:
¿nunca ha sentido Ud.
ganas de matar?
Venga, no se engañe,
falta autocrítica...
¿Esa vieja de la escalera,
que ya no sirve para nada
o el niño llorón
en plena madrugada,
su incómodo amigo
de mierda
o su mujer infiel,
                    como cualquier otro?

Ud. lo sabe,
Sr. Juez,
somos carnívoros,
estamos podridos,
somos lobos para lobos,
colmillos afilados
del alma humana,
somos así de malos,

malos, malos de verdad,
dos veces cierto...
¿O no?
¿Quién podría negarlo, eh...?

Pero pssst, pssst, Sr. Juez,
yo soy legal,
un tío legal,
sé lo que hice,
sin saber el porqué
sé lo que hice
y acepto mi culpa,
mi culpa,
mi gran culpa.
Yo tengo autocrítica,
siempre me lo han dicho,
desde que era un chaval,
yo soy un tío legal...
y acepto mi muerte
mi pena letal
por toda la humanidad.
Pero no se levante, Sr. Juez,
no, no... no grite...
siempre llevo mi cuchillo
ya se lo he dicho,
y yo mismo cumpliré
la condena
mi condena
esa condena
que todos llevamos dentro.

Y no se atormente,
Sr. Juez,
duerma Ud. tranquilo
con su mujer y sus hijos,
yo muero feliz,
infeliz de mí,
muero feliz
en nombre del asesino
del asesino
¡ASESINO!
que todos llevamos dentro.

A-U-T-O-C-R-Í-T-I-C-A,
y no se hable más.»
¡Zas! [*se corta el cuello...* como cualquier otro]

2. LA MALALENGUA

(con Isidoro Feria)

La escritura

Fruición de la lengua,
a través de separados
                    labios.

Función frutal,
como un arma
                    blanca.

Punción alfabética:
a cada cual,
                    su jeringa.

                    *

Alientos del espacio abierto
recorren mi tumba yerta.
Negros recuerdos bellos
leyendo
a Proust
en fuego.

                    *

¡Oh, ah, ay-Sein!

                    *

Risas del desierto
(todo luce muerto):
«el mundo entero
y sus escenas de arena
para payasos funestos».

*

El juego del ser
es póker de lenguas
es lengua de tiempos
rotos, , , , , , , , , , , ,
sin sastre conocido,
negros nefandos,
ufanos plastificados,
iva no incluido
y va siempre ocultado.

*

No puede ser de nadie
lo que cae en abundancia.

Pero volvamos a las raíces,
no a las cosas mismas:
el mundo de la vida
se vive al revés,
¿así lo ves, Jabès?
Pero dime y dime,

escribe entonces:
¿tú qué ves?

*

Subito directo
illico presto
hic et nunc
omnia exeunt
in mysterium magnum
diabolus in anus
doxa et inclita, imago et
verbis expressis
nobis actum dixit
in nomine nominis
para todas las palabras
su AMÉN perpetuo.

*

¿No oyes?
Celán ríe desde la tumba
para las rosas más bellas,
para las moscas ausentes,
para las muertes sinceras
y las cenizas vuelan...
¡Oh, alas de flores frescas!
Y del néctar de polen lloran
y lloran primaveras negras.

Tod
-as
ne-
gr-
Ash.

        *

¿Qué sexo calzan
los angélicos hermanos?
¿Salta caliente
la sangre del x-ificado?
¿Y qué opina Zarathustra
del zumbazo de lo azul?
¿Y por qué no reinan las palabras?
¿Esos velos negros? ¿Esa historia
                  malpensada?
[¿Se refiere a la Metafísica...?]

        *

¿Quién dice la verdad
en con por bajo
el poema?
Yo... no.
¿Y tú?

        *

Ni Heidegger ni su vieja
en cabaña de fuego,
la siempre moraleja
no es tan solo un juego.

Un último ego
trascendentaloide.

Pero tu vida por detrás
del cada-vez-mío-impás,
en el tren de la muerte
no hay vuelta atrás.

Y yo solo me digo
contigo o sintigo,
esa es la cosa misma
ya te apañarás:
¡*Das Ding*, *Das Ding*,
Ding Dong!

*

Nocturnidades.
Blancura nutritiva,
alimento ingerido,
no sé adónde ha ido
y me lo he comido,
no sé por dónde ir
y sin embargo he ido.

*

Empalaga la cosa viscosa
de 20 a 80 grados,
con nueces de castaños
y alimentos nuevos
supraterrenales,
criptonita de palabras
diarias.
Estoy jugando
a dejarme la piel,
¿qué te apuestas,
Nathaniel?

*

Un juego muy sutil
frío y carnal te enseñaré,
se juega a cicatrices
a leches o a tientas,
si presientes la ruina
la furia es tu reino.
¿Qué juego es?

Se brinda sin aliento
a ritmo genuino
de ratas y vino
de erratas y *veritas*.
¿Lo ves?
Pues léelo ahora
aorta abierta
otra vez.

*

Hipálage de palabras
una donde la otra sienta.
Metaforísimas,
sentido-con-sentido,
y la verdad siempre suena
¡ex-qui-sit-ah!

*

Insiste sístole,
diástole instantánea,
a ritmo de pulso,
sangre latida
a cada palabra.
Y aún gracias.

*

Noches viperinas,
días sin huella,
huellas alegres huellas llorosas.
Osas siempre menores
y cada vez menores
osas en vías pétreas.
Así,
al cemento de los pasos,
échale échale
échale huevos.

*

Ilumíname los ojos,
multiplícame por diez
y no daré un duro
si no lo veo todo
del derecho al revés.

Camino rapaz
juego de locos .
Un poco malo...
dos veces cierto.
(Va a saltar, gracias)
¿De quién es esta cita, eh?

*

0, 0, cero
la nada del número.
Papirofléxica tierra muerta,
no, blanca,
tierra débil,
no, fuerte
continua discontinua
di... continúa tú,
ya no,
yo no,
o quizás sí, pero
¿qué más da,
eh? ¡Ah!

Todo lo que des,
eso mismo
tendrás.

*

Escritura, ja, débil escritura...

*

Pero... ¡letras!
mitad hospital
mitad cárcel,
mi negro ángel,
monumental...
¡Tretas!
Doble y nada,
así suenan
simultáneamente.

*

La medida de lo que puedo
no es la medida de lo que escribo.
A los sietes de la palabra
Abra-cadabra
¿Tres veces hurra?
Abre-cadavre
¿Cien veces zurra?
Doble y nada,

huerto de letras
florecidas cenizas
mágicamente.

*

¡Palabra!
Treta de la letra
Trepa de la letra.

La evidencia del ritmo
es más que silábica.

*

A sol y sombra,
la palabra fresca
brota de tu boca
como una fresa.

Muerde lo que lees,
zumo de letras:
Abre-fácil-cadáver-lápiz.

*

J'irai à Saint-Tropez,
à faire le poète
le poème, électroniquement,
perdón,
lapsus lacerados,
tontamente intencional,
carne robótica
y leche digital
(la bebemos y la bebetc.).

Sangre parabólica
de letras malvadas
… a banda ancha.

3. ATÓMICA POÉTICA

Corazón atómico

¡Vertical de Hiroshima!
Tus plumas arriman
mis bombas de rima.
Pistola en mano, escribo:

Hoy, pégate un tiro.

Pasos abatidos
carcajadas de guerra,
quien grita «¡Yo no he sido!»
es aquel que jamás yerra.

Hoy, mejor, pégate un tiro.

Sin viento ni vientre
sin vida ni muerte
con alma de pena.

*Clic... [sonido de martillo
cargado ya el gatillo]*

Y para versos de gusano,
tus besos robados,
mi amor es condena.

¡Pum(to)!

*

Mira el ojo de una abeja
Ojo que no eja
Mira el eja de un abojo
¡Bzzzzzzz!
Mira te digo, no oigas su vuelo
Mira, el suelo, lo oigo, lo huelo
¡Ay! Me picó en el ojo, el abojo
en la oreja, la abeja
y echó luego al vuelo,
¡vuelooooo... Pum
coma, Pam!

Pero nunca la ve el ojo
Pero nunca la vejiste
Ni tampoco la oíste
Ni la oliste, iste, iste,
Repite conmigo:
A-B-C-EJA
Entre ceja y ceja,
el alfabeto empieza picando
¿Ay? Bzzzz ¿Ay? Picando,
iste, iste... Repite con
bzzzzz, ay, Repite con,
picando ABC-EJA
A-A-A, B-B-B, C-C-C,
¡JA-JA-JA!

*

Bocados de lomo humano
De una mano de Unamuno,
Érase una atómica vez, coma
¡Bum!, coma
¡Bah!

*

El rigor mortis
y la pequeña muerte
(con la otra muerte
nuestra media m... y punto).
La llamamos de día,
La llamamos de tarde,
La llamamos de noche,
dos y otra vez, ¡PUM!

*

«Mundo» se escribe apostrofado,
sí con h intercalada,
como ahogada la garganta
cuando pronuncia no,
ante el estupor de un ganglio:
«¡M'(h)undo!»

Y así malvivimos,
los que estamos bien muertos.

III. Poesía contemporánea

Pan siempre para Panero
y, para nosotros,
pan siempre para mañana
y, para mañana,
hambre hoy.

ESTACIONES INDEFINIDAS

Todas las estaciones,
las cuatro que vivimos,
no las musicales,
las cuatro contienen
a lo largo de los días
todas las estaciones.

El invierno contiene
su pequeño verano.
A mediados de febrero
cayó este año,
y el sol a borbotones
olió a bañadores,
y el abismo del frío
se hizo minúsculo
y el Sol mayúsculo,
como orina ardiente
a mediados de febrero.

También el verano
dejó correr agua fría
de los grifos sin fuente,
aumentando cada litro
el desgaste de los ríos,
remontando cada gota
la angustia de la sequía,

la corriente de los días
hasta helarse de frío,
pleno hielo a mediodía,
ducha que el alma enfría.

Ya no quedan primaveras.
Ya no brotan los pájaros,
pero crece en el otoño,
cuando el árbol es más árbol,
el recuerdo de otro tiempo,
negro árbol sin sombra,
sombra negra que florece
más allá de otro tiempo.

Nosotros o nadie

No elegí nunca la sangre,
no elegí mi propio nombre,
mi propio cuerpo,
pero no queda más remedio
que seguir siendo de aquí,
de la tierra de los semejantes
del mismo nombre,
del mismo cuerpo.

Los animales mueren juntos,
la tierra es un cementerio
y las tumbas tienen nombre
apellidos y fiestas,
sin más santidad
que la sangre de la sangre,
todxs de un mismo sexo.

Un mismo recuerdo,
una misma sangre,
una sola madre y un padre,
con hermanos hermanas
o sin ellos o sin nadie.

Mi buena carne,
todo el calor, toda la vida,
todo la vena del nombre,

rojo de sangre,
rojo de vida ardiendo,
no me quedan otras palabras
que la herencia sin herencia
de todos los nacidos,
de nadie por nacer,
de todos los nacidos
de un solo espacio
de un único tiempo
de la raigambre
de los semejantes,
unidos por la sangre.

Piedra de corazón,
todas las bocas comen
de una misma hambre.

Los trabajos y los días

Sigue de noche,
sigue de día,
sin más cansancio que ser
el tormento negro del tormento,
el estrés de un guiño,
fugaz segmento de una cadena
taylor sin remedio.

Ahora sí, ahora también,
esfuerzo del esfuerzo
sin contratados encuentros,
sin cotizados cuerpos
que no vienen a cuento.

Y luego, sigue de día,
sigue de noche,
homenaje suculento
no para ti sino para el cuento
de nunca acabar,
sin vacaciones eternas:
cuento que nadie cuenta.

Nunca libre de tormento,
si haces esto o no lo haces,
tremenda labor con tormento,
activo o pasivo, ahora et labora:
el verbo *trabajar* no tiene cuento.

Es el grado cero de la vida,
es la noche sin día
es el día sin noche:
es la cuenta de la historia
de nuestra historia
sin propiedad propia
y con un solo dueño.

CANCIÓN DE GUERRA

La guerra de los días
no tiene tregua la guerra,
nuestro pan de cada día,
así comemos y bebemos
entre bombas de racimos.

Sin noches de paz abierta
sin noches de dulces grillos,
estamos entre trincheras
al son de liras perdidas
al son de pasos perdidos.

No somos los elegidos,
los países no tienen patria,
las patrias todas fracasan
si al son de una canción de guerra
baila el general desastre
al himno de muertos pueblos.

Si uno vive de sus penas,
si uno pena por su vida,
no nos queda más olvido
no nos queda memoria salva
de aquella inmemorial infancia.

Banderas, balas,
bomba de Hiroshima,

son las explosiones humanas
tan humanas tan destino.
Cielo de rojo sangre
cielos a corazón hundido.

No podemos no queremos
no tenemos ya más alma,
solo agujeros de vientre
solo campos de batalla,
montones de carne humana.

Lo que pudimos ser
y lo que pudimos ser
no lo hemos sido
y no lo hemos sido.

MÁS DOLOR

Es solo mío,
solo un yo no querido,
entre quejas y gemidos,
entre nubes de sangre
y traumas hematomas,
heridas cicatrices y
purulencia sin más sentido.

Cuando no es el cuerpo
es el alma,
cuando no es el alma
es aquel febril hormigueo
del universo corpóreo
del universo enfermizo.

Gritos de delirio,
hospitales enfermerías
el camino de la salud
no tiene ni retorno
ni panacea sibilina:
la punzada es infinita.

Quién no ha tenido momentos
quién no ha sufrido
no ha tenido ha tenido,
y la salud no es la vida

es un sueño sin vigilia:
la pesadilla de cada día.

Dulce dolor del dolor
dulce siempre dulce
mortal dolor sin más salida
que la eternidad soñada,
que la estelar farmacia
de no ser cuerpo fantástico,
de no ser ser divino.

EL FUTURO (IN)CIERTO

Cuando no vemos
más allá de nuestros ojos,
de nuestras palabras,
cuando las palabras faltan
sin nombres ni verbos,
cuando las letras faltan.

Los pensamientos nacen,
explotan de brillo y mueren,
pensando ahora y más allá
de nuestros ojos,
de nuestras palabras,
cuando no queda ya
más esperanza.

... y así cuando lo vivido se agota,
la conjugación imperfecta,
pero el futuro persiste
como el ser en la palabra
en la mirada el horizonte,
sin más horizonte
que el medio ojo sin final.

Siempre supuesto es
lo que viene querido
o sin querer, desgracia
o alegría o miseria.

Si el futuro no prescribe,
el futuro no reluce en vano:
da la respuesta vital
la voz del amo,
el presente,
así responde a todos
y cada uno de los deseos,
los que vemos venir sin verlos.

... y para qué sirve el futuro,
lo dicho y lo impensado,
cuando la esperanza sin esperanza,
la llave mortal de toda puerta,
sin quicio, sin ojo o habitada.

Por eso estarán,
las puertas del porvenir cerradas
y solo tú y yo,
o nosotros con ojos
así de cerrados,
vivos o muertos,
pensamos donde todavía...
todavía no habremos llegado.

El origen del origen

Al amor nadie le habla,
el amor nadie lo ha visto,
pertenece al reino oscuro
de las bocas con ansia
y con ansia se nos escapa
de todo rostro huido.

Son todos o cobardes
los que no tienen coraje
de amar a rostro perdido.

Si se acerca entonces
a pasos de silencio sufrido
y se alarga lo que dura
el latido de un latido.

Amar así al desdichado
que no tiene desperdicio,
son sombras de un segundo,
de un primero primerísimo:
solo el amor vive el origen
del aquel latido inlatido.

Ya no queda nada nunca,
solo quedan los unidos
los que al tiempo de un segundo

son los únicos que viven
con más de cinco sentidos.

Así nadie el amor ha visto
y nadie ni un segundo
será rostro
será latido
será alma y origen
como amor intestino.

ADIÓS A DIOS

Es sabido que los límites,
allí donde caen las letras,
los sentidos del sentido,
las fronteras del punto
y aparte,
son el reino de lo inefable
que nos corre como sangre.

Unos lo creen vívido,
muerto o resucitado,
guarida de las miserias,
juntas todas enteras,
objeto de toda blasfemia:
adiós a Su Majestad sensible.

Pero son los sentidos
quienes no tienen salida
y la salida que salva
nuestras fronteras humanas,
nuestras letras humanas
sentido sobre sentido:
adiós Saliva sin alma.

Ya nadie quiere nada,
quimeras perdidas,
indisoluble canto divino,

que no tiene verdad
ni sagrada ni profana,
ni divina ni humana.

Quiste del alma,
sinónimo endemoniado,
¿no eras TÚ salvación y reino?
¿Verdad y verdad sin falta?
¿Pregunta de la pregunta?

Ya no somos criaturas,
ni siquiera queremos alma,
deseos sin deseos,
dioses o más bien nada.

Y en la negra senda del olvido,
¿a quién le importa
si no sabemos nada
ni sentimos nada?

ESCRITURA O NADA

Siempre quiere decir algo
quien lo ha dicho o ha querido
sentir el mensaje en la mano,
en la pluma el teclado,
en la tecla sin música,
sin ser rosa ni pistola,
solo alma de las cosas.

Entre la pluma y sus tinieblas,
nacen las letras como sueños,
y lo demás es pura bruma,
excelsa o fina bruma,
que a todos escapa,
satisfecha rima,
todo o nada y todo
oscila como espuma.

El mensaje sin mensaje,
lo oído querido o dolido,
breve o largo,
tormento o placer
a dolor dolido.

Cada letra convierte
el mundo en nuestro mundo,
sin más odio o amor

sin odio o amor del amor,
como la lengua
como el poema
que no miente más
que para amar
amar la nada
que se ha escrito.

ÍNDICE

ESTE LIBRO SE TERMINÓ
DE IMPRIMIR EN MADRID,
EN ABRIL DE 2024